암 선문 의사가 병원 밖 세상을 사진으로 찍은 기록지

*The World Beyond the Hospital*

# 병원 밖 세상

아비지께

## 병원 밖 세상

The world outside the hospital

2025년 9월 25일 초판 1쇄 인쇄
2025년 10월 2일 초판 1쇄 발행

지은이 Written by │ 전월화(田月花 한국명) 류 모니카 Ryoo, Monica
펴낸이 Published by │ 孫貞順 Son Jeoung Soon
펴낸곳 │ 도서출판 작가 Jakga Publishing Co.
　　　 (03756) 서울 서대문구 북아현로6길 50
　　　 50, Bugahyeon-ro 6-gil, Seodaemun-gu, Seoul, Korea
　　　 Tel │ 02)365-8111~2　Fax │ 02)365-8110
　　　 Mail │ cultura@cultura.co.kr
　　　 Homepage Address │ www.cultura.co.kr
　　　 등록번호 │ 제13-630호(2000. 2. 9.)

편집 │ 손희 김치성 설재원
디자인 │ 오경은 이동홍
마케팅 │ 박영민
관리 │ 이용승

ⓒ류 모니카, 2025. Printed in Seoul, Korea.
ISBN 979-11-94366-89-8　03810

* 이 책의 판권은 지은이와 도서출판 작가에 있습니다.
  양측의 서면 동의 없는 무단 전재 및 복제를 금합니다.
* 잘못된 책은 구입하신 서점에서 바꾸어 드립니다.

값 15,000원

한국디카시 대표시선

28

류모니카 디카시집

병원 밖 세상

*The World Beyond the Hospital*

작가

## ■ 서문

    모국 한국를 떠난 지 반세기가 넘었다. 미국과 한국 두 나라의 문화를 넘나들면서 살았다. 미국에서의 삶의 시작은 실상, 여러면에서 터닝 포인트이었다. 그 때, 부모님 슬하를 떠났고, 한 남자의 아내가 되었다. 이어서 두 아이의 엄마로, 종양방사선 전문의사로 기차바퀴 돌아가듯, 멀티 테스킹의 삶을 이어왔다. 남편과 아이들도 다를 바 없었을 것 같다.

    그러한 일상 속에서, 환자들은 그들의 평범할 수 없는 이승에서의 삶을 보게 해 주었다. 그들에게서 배웠던 사람 사는, 투병 이야기를 바탕으로 쓴 수필집, 『희망 한 단에 얼마에요?』를 세상에 내어놓는 지 9년 만이다. 이번에는 병원 밖 세상에 대한 이야기를 나눈다. 여행에서 얻은 숱한 이야기들을 '디카시'라는 장르를 이용해서 나름대로 정리해 본 것이다. 수십만 장의 사진들 중에서 60장 사진을 고르고, 거기에 짧은 다섯 행 미만의 시를 붙여 작성했다.

    사진들은 마치 밀린 숙제를 하듯이 은퇴가 가까워질 무렵부터 다녔던 여행에서 모은 것이다. 열여덟 번 출국하여, 여러 나라를 방문했다. 이 책에는 주로 문화와 역사를 실은 사진들이 올려졌다. 곳곳에 남아 있는 더렵혀진 사랑과 이별, 죽음, 아픔, 희생의 흔적들을 사진으로 기록했다. 관광의미로 시작된 여행이 성지순례로 탈바꿈한 적도 많았다. 그것은 도착한 나라들의 유적지 대부분이 대성당, 사찰들이었기 때문이다.

    나의 시를 영역英譯 하다가, 한 사진을 놓고, 다른 또 하나의 시를 쓰고 있는 자신을 보았다. 한국어와 영어의 표현은 전혀 다른 뉘앙스를 전달하였기 때문인 것 같다.

'디카시'라는 새로운 장르에 편승하게 된 것은 우연이지만, 내가 좋아하는 장르이어서 필연으로 생각된다. 이 길에서 시간과 열정을 할애해서 가르쳐 주시는 소나기마을 촌장이시자 한국디카시인협회 회장이신 김종회 교수님께 많은 빚을 졌다. 이 길의 선후배들에게도 고마운 마음을 전한다.

내가 나로서 살 수 있게 지켜준 가족들의 응원에 감사한다. 그리고 Jean*이 영어부분 교정에 참여해 주어서 감사하다. 그간 글을 쓰도록 용기를 준 중앙일보, 울산광역매일, 조선일보, 한국일보, 라디오 코리아, 라디오 서울과 나의 글을 처음으로 알아보아 주었던 재외동포청, 재미수필가협회, 미주가톨릭문인협회를 잊을 수 없다. 여러 번의 수정도 귀찮아 하지 않고 꼼꼼히 고쳐 주신 작가 출판사 손정순 대표님께도 감사하다.

덧붙여, 한국 밖 미국에서, 한글을 창제하셨던 세종대왕의 후예로, 한글을 진흥하고 있는 미국 비영리 단체인 한국어진흥재단을 이 책을 통해서 칭찬하고 또 자랑한다.

이 디카시집으로 나의 미흡한 사고방식이 용서받고, 의사의 눈으로 본 병원 밖 세상의 아름다움과 아픔을 나눌 수 있기 바란다.

* Jean J Ryoo, PhD: 시인의 둘째 딸, UCLA 교육학과 리서치 부교수

2025년 여름, 전원화田H花
류 모니카

# Forward

I came to the USA to study medicine in my 3rd decade of life and continued to pursue the career as a Radiation Oncologist.

At that time, I undertook more than one role, thus journey of motherhood, womanhood, medical columnist, essay writer, children's story writer began. I habitually have made abstract records mostly in writing. At times I have attached associated photographs.

It has been 9 years since the publication of my first book entitled 『How much is hope? It is free!』. The book was based on collection of essays published in a column entitled 'Open Up' between 2005 and 2016 in the Los Angeles Korea Daily. Today I still write some form of medical information in the same column. Of note, the newspaper is for the Korean diaspora in the States, printed in Korean alphabet, Hangul.

In this book, I am sharing stories not about my patients, but about the lives outside the hospital, that I witnessed during the trips I made. In recent 6 years, I traveled outside of the USA 18 times to many parts of continents including Antarctica. Thousands of photographs were taken which were repetitive, perhaps meaningless and useless.

The stories attached to the photographs were first written in my native Korean and then translated to English. This process was not perfect. The nuances of words in both languages were so unique, thus crossing the barrier was difficult. At times it felt like I was writing two different poems over one photograph bearing one scene.

I feel fortunate to have learned about relatively new Genre of Dica poem. Special thanks to Professor Jong-Hoi Kim, Chief of Sonagi Village of Hwang Soon-Won Literary Place, President of Society of Korean Dica Poets, President of the Korean Digital Writers Association, Former Professor of Kyunghee University, Former President of The Association of Korean Literature Critics. I appreciate the friendship shared by many US based Dica Poets.

I thank my family for their endless support and love toward me, my work. Participation of Jean J Ryoo, PhD in editing the English part could not have been possible without her reading my mind. Many thanks to Korea Daily, Ulsan Kyilbo, Chosen Ilbo, Korea Times, Radio Seoul, Radio Korea, Overseas Koreans Agency, Korean-American Essayist Association, Korean-American Catholic Literary Association, Korean-American Literary Association.

I applaud the Foundation for Korean Language and Culture in the USA for its tireless effort to promote Korean language and culture in the sector of American secondary schools, which host mostly English speaking non-heritage and heritage next generations.

My immaturity in life asks for forgiveness through this book. I hope the world beyond the hospital sustains its beauty and continues to embrace the hardship of all living creatures.

2025년 여름, 전원희 田月花

Ryoo, Monica

차례

서문 *Forward*

## 제1부 신앙의 신비

새 예루살렘 순례길 *New Jerusalem* · 14

중국 회교 사원 *Muslem Chinese Temple* · 16

태양의 기적 *Milagre do Sol* · 18

내리어 지는 예수 *Via Crucis, 13th Station* · 20

세 십자가 *Three Crosses* · 22

사제 *The ordained* · 24

숭고한 삶 *Holy Life* · 26

속죄 Ⅰ *Penance Ⅰ* · 28

여성 수도자 *Female Monks* · 30

장난꾸러기 프란시스코 *Francisco, the Prankster* · 32

최초 한국 성인, 김대건 안드레아 신부 *First Korean Saint, Andrea Kim Dae Gon* · 34

디아스포라 사제 *Diaspora Priest* · 36

속세에 등 돌리고 *Turning From Mundane World* · 38

순례길 *Pilgrimage* · 40

고행의 나막신 *Wooden Clogs* · 42

속죄 Ⅱ *Penance Ⅱ* · 44

불국사 소원 *Invocation at the Bul-Kuk-Sa Temple* · 46

## 제2부 국가라는 보호막

데자뷰 *Déjà Vu* · 50
원죄原罪 *Original Sin* · 52
하느님의 가호를 바라요! *God Be with You!* · 54
국가라는 보호막 *Shield of a Nation* · 56
명묵明默의 겹처마 *Light of Darkness* · 58
독립의 돌섬 독도 *Liancourt Rocks* · 60
뒷 길이 만난 평능 *Backroad to Equty* · 62
영겁의 젊음이여 *Floating Immortality* · 64


## 제3부 들려줄 이야기

모두들 돌아간다 *Everyone Hurries Home* · 68
그래도 행복해요 *Oh, You Make Me Happy!* · 70
메두사 뗏목 *Medusa Raft* · 72
불청객 *Uninvited* · 74
길에 남겨진 사람 *Man Left Behind Homeless* · 76
공산뺑 새빵시 *Lish Baker* · 78
땔감 사세요! *Firewood on Sale!* · 80

모닝 커피 *Morning Coffee* · 82

히잡을 쓰셨을까? *Did Mary, Mother of Jesus Wear Hijab?* · 84

정보 *FYI* · 86

이생과 저생 *From Here to Eternity* · 88

여자의 마음 *La donna è mobile* · 90

산사자 P-22 *Puma Number 22* · 92

시인에게 *To a Poet* · 94

이도령과 성춘향 *Young Master & Daughter of Tavern Madame* · 96

낙서落書 예술 *Graffiti Art* · 98

연애편지 *Love Letter* · 100

고리 없는 연결 *Love Me Do* · 102

할아버지, 비디오 게임 그리고 멍게 *Grandpa, Video Game and Sea Squirts* · 104

관점 Ⅰ *Point of View Ⅰ* · 106

관점 Ⅱ *Point of View Ⅱ* · 108

관점 Ⅲ *Point of View Ⅲ* · 110

이민자들 *Immigrants* · 112

## 제4부 DNA

서생원鼠生員의 집 *House of Mouse* · 116
비 속을 걷다! *Just Walking in the Rain!* · 118
나는 어디에서 *I am From* · 120
반짝이는 별이 탄생했습니다! *A Star Is Born!* · 122
낡은 일기 종이 조각 *Wrinkled Old Diary* · 124
물구나무서기 *Handstand Game* · 126
다섯 살 아이가 꿈꾸는 우주선 *A Five-Year-Old's Spaceship* · 128
세배하세요! *New Year's Day Celebration* · 130
그려보고 싶었던 얼굴 *Portrait* · 132
아버지 *My Father* · 134
날개 꺾인 알바트로스 *Albatross with Broken Wings* · 136
네 동공에 보이는 나, 나를 보는 반백의 너 *Mother, It Is Me Your Son!* · 138
꿈의 끄트머리 *Tail End of Dream* · 140


해설 견자見者의 시학, 풍경의 배면背面 읽기_김종회 · 142

제1부

신앙의 신비
*The Mystery of Faith*

# 새 예루살렘 순례길
## New Jerusalem

Lalibela, Ethiopia

13세기 24년 걸려 만든 11개의 돌 성전이다. 랄리벨라 왕이 예루살렘이 모슬렘에게 넘어 갔을 때, '뉴 예루살렘'으로 만들어 순례자들을 초대함. Eleven under-ground rock churches were built in 13th C AD when Jerusalem got taken by Muslims, as a 'New Jerusalem'.

육이오 전쟁 때 한국을 돕던 형제의 나라 이디오피아

최초 인간, 루시의 뼈가 발견된 나라 이디오피아

거대하고 아름다운 새-예루살렘 지하 십자가형形 돌 성전 11개

숭고하고 가난한 이들이 어둠에서 빛을 찾을 수 있게 인도했다 하네

Ethiopia and Korea declared brotherhood

Since dispatching their young men to Korean War.

She holds skeletons of the first human, our ancestor, Lucy.

'New Jerusalem', it's magnificent majestic beautiful underground rock churches

Have led people from darkness to light.

# 중국 회교 사원
## Muslem Chinese Temple

중국 쟁해 장군은 회교도였다 하네

인도네시아 침략 중에도

동굴에서 홀로 기도하고 피정하던 그를 본받아

거대한 삼푸콩三保洞 사원이 들어선 지 7백여 년

기도하는 사람 없어 문화행사장으로 변신한 사원


Chinese Muslem Admiral Zheng He

Retreated to a cave in Semarang, Indonesia

To pray and to be alone with His God in 15th C

His admirable 'Recessus Spiritualis' !

Now there are no retreats but multi-ethnic performances.

# 태양의 기적
## Milagre do Sol

Fatima, Portugal

눈에 보이지 않아서

존재하심을 알지 못하였네

눈부신 태양이 하늘에서 춤추자, 비로소

십자가와

매달려 죽었다는 예수라는 청년을 보았다네


His existence was

Not visible, and an old story,

Not believable and not believed, until the miracle of sun dance.

A giant cross with a nailed young man

Invites your faith.

# 내리어 지는 예수
## Via Crucis, 13th Station

La Coruña, Spain

대성당 색유리창에는
묻히지 못한 예수가
항상 내리어지고 있다
십자가의 길
제 13처

The stained-glass window in a cathedral
Never buries his body.
Jesus is being taken down at all times.
The 13th station,
'Via Crucis'

# 세 십자가
## Three Crosses

Asturias, Spain

세 십자가

예수만이 십자가에 달려 죽은 줄 알았었다

성부, 성령도 함께 달리셨나 보다

디스마스, 게스타스가 달렸다던 십자가를

우리가 기념할 리는 없을 것 같다

There stood 3 crosses.

The Father and the Holy Spirit must have been crucified with him then.

Or did the artist try to remind us

 Two nailed thieves, Dismas, Gestas next to HIM?

사제

The ordained

Lalibela, Ethiopia

이 사제는
그림에서 본 예수를 닮지 않았다
모세가 이 모습이었을까?
기도할 수 있으려나
이 사제처럼, 맨발로 걸으면서

The ordained
Praying along the periphery of the Holy Church barefoot is
Unlike the image of Jesus, I was familiar with from paintings.
Wish to pray as he did.

# 숭고한 삶
## Holy Life

Denpasar, Bali, Indonesia

모든 종교의 사제들은 숭고하다
인간 세상의
아프고 힘들고 아름다운 내막을
모두 품어주기에

All of religious lives are holy,
Refusing to be tainted by ordinary pain, hatred
But offering
Care and love without coloring.

# 속죄 I
## Penance I

South Korea

스님은

속죄하고 있습니다

영겁의 부조리를

The Buddhist monk

Begs forgiveness for

The immortal absurd.

# 여성 수도자
## Female Monks

Asturias, Spain

수녀원 새벽 기도 마치고
하루의 첫 미사 첨례하러 성당으로 향한다
마가리따 할머니가 오늘도 오시려나?
훈습薰習의 새벽길이 축축하다

After the worship at dawn,
Nuns walk in the morning mists to the chapel,
Looking forward to seeing Margarita,
The ancient lady who seems like one of them.

# 장난꾸러기 프란시스코
# Francisco, the Prankster

Pencil Drawing by the Poet

프란시스코 교황님
천국은 지낼만 하신지요?
베드로는 만나셨나요?
장난도 못 치고
지루할 것 같아서 걱정되네요

Your Most Holy, Papa Francisco!
How is Heaven?
Has Peter welcomed you to the gate?
Is it boring to behave?

## 최초 한국 성인, 김대건 안드레아 신부
## First Korean Saint, Andrea Kim Dae Gon

Mallorca Island, Spain 2022

나의 모국 한국

내가 사는 미국

지구 반대편 말로르카 섬 대성당에는

당신 이름으로 참수당한 성인 김대건 신부 이름이 새겨져 있다

그 이름에 얹힌 기도가 하늘로 올라간다


On the opposite side of earth from Los Angeles

Is my motherland, Korea.

From Korea to the other side of earth, in Mallorca Island, Spain,

A cathedral bears Saint KIM's name on her stained-glass window.

Prayers are lifted to heaven by this Korean saint, KIM.

# 디아스포라 사제
# Diaspora Priest

이선기 목사, 3310 베벌리 블르바드, 로스앤젤레스, 캘리포니아

높으신 분은

작은 나라 조선에서 한글창제를 허락하셨다

그리고 그 분은

미국 땅, 디아스포라 삶 가운데에도 계시며

한국어진흥재단 비영리 단체를 축복하신다, 이 디아스포라 사제를 통하여!


The Almighty allowed the birth of Hangul.
HE lives amongst the Korean Diasporas,
Celebrates and blesses the first home of
Foundation for Korean Language and Culture in USA
Through this priest of his own.

# 속세에 등 돌리고
## Turning From Mundane World

Lalibela, Ethiopia

속세를 뒤로 하고

성전 문에

온 머리와 온 가슴을 얹어

높으신 분과

대화하는 그들

Turned their spirit from the mundane world behind

Stood a man and women

Seeking the words of God

At the closed gate to the House of God

# 순례길
## Pilgrimage

Camino de Santiago

가족도 볼 겸, 떠났던 관광여행
성지 순례 되었네!
산티아고 순례길
기도 못한 성지 순례
하느님의 부르심 없이는 갈 수 없다 하더라

Tackling sightseeing with family visit
To the other side of the continent
Became a pilgrimage.
Was it a CALL?

# 고행의 나막신
## Wooden Clogs

Asturias, Spain

문명의 발달은

돌연변이 고행을 허락했네

나막신 신지 않고

편히 걷자, 순례길

나막신은 벽에 걸린 장식품이 되었다네

 

   In the new world of IT, pilgrimages without serious penance is not abnormal.

   "What is the meaning of going for such hardship?" says a friend.

   Before entering the House of God,

   Walking in wooden clogs as penance is no longer fancy.

   Clogs become handsome decorations.

# 속죄 II
# Penance II

Fatima, Portugal

하느님

무릎으로 걸으며

저들은 속죄하고 있습니다

그들의 기도를

받아주십시오

Lord,

Look at the atonement of kneeling prayers of

Your children.

Please hear

Their quiet shouting.

# 불국사 소원
# Invocation at the Bul-Kuk-Sa Temple

당신 탄일誕日에

숱한 이들의 소원이

불국사에서 올려지고 있습니다

내년에는

다른 소원들이 올라가길 바라요


On Veska Day

Folks uplift

Millions of prayers to HIM.

Hope

The same prayers may not be repeated next year.

제2부

국가라는 보호막

Shield of a Nation

# 데자뷰
## Déjà Vu

로이터 통신 보도, 우크라이나 침략 당한 지 1주년 사진

숱한 전쟁을 치러온 우크라이나
한국의 과거와
다를 바 없네
민족의 상흔을 잊을 수 있으랴
평화의 사도가 될 수 있을까

Was it fate?
Ukraine has been under Russian attack again.
Reopened memory of the raw wound
of Korean peninsula
Can South Korea be a peacemaker?

# 원죄 原罪
# Original Sin

뿌뿌탄 바둥 기념탑, 발리, 인도네시아

국가 잃은 민중

자유의 추구는 원죄이런가

집단 자살로 마무리된

인도네시아 독립운동

여기, 아이들까지도 묻혀 있다

There, national pride of independence

Buried men, women, and children of Indonesia

Is the yearning for freedom

An original sin?

# 하느님의 가호를 바라요!
## God Be with You!

Surabaya, Indonesia

군인의 젊음이 싱그럽다

어디서인가 보았던 푸르름이다

가슴과 미소 사이가 가깝구나

하느님이 저 젊음을

보호해 주시기를!


Young soldier's untainted face of youth

Emulates care for his country, love to his nation.

Déjà vu

The face is that of many of ours who never returned from Korean war.

God be with you forever!

# 국가라는 보호막
## Shield of a Nation

2018.9 캘리포니아주 말리부 해변
18주년, 9·11 메모리얼

뉴욕 시, 쌍둥이 빌딩 폭격은
미국 국민을 단결하게 했고
국가 의식을 되살리게 했다네
디아스포라가 만든 나라, 그들의 울타리
이를 상징하는 말리부 해변의 성조기

USA, a country of diasporas,
And a nation of many ethnicities.
The 9·11 attack helped them to stand united.
The Stars and Stripes commemorate unity
On the beach of Malibu.

# 명묵明默의 겹처마
## Light of Darkness

고궁, 한국

이 고궁의 처마는 겹
밝은 침묵, 명묵明默의 건축*
'빈집에 종일 비치는 햇빛,
아무도 지나가는 이 없는 침묵'의 대청
소망을 버리고 모두 어디로 떠난 것일까

Light of darkness,

Haunting silence

Fill the emptiness.

Nothing seems alive,

All is lost, hope remains

* 김개천, 『명묵의 건축』, 2011

# 독립의 돌섬 독도
## Liancourt Rocks

독 모양 옹도甕島, 사투리가 만든 이름 독도라네
동도, 서도, 89개 동료 바위가 함께 하는 암초 동네
우리 섬에 부딪쳐 파손된 프랑스 배 이름 붙여
허락 없이 만든 이름 리안코르트 암초
독립의 섬 독도는 우리 땅!

Dokdo holds the meaning of 'Independent Isler'
'Liancourt Rocks' to Westerners
Derived from a wrecked ship 'Le Liancourt'
Untainted rock, 'Jewel of Korea'
Dokdo Islands belong to Korea!

# 뒷 길이 만난 평등
## Backroad to Equity

밀양, 한국

서당 가는 이 길

갓 쓴 양반 남정네만

걸었던 길

이 길을 돌아가던 천민들, 여아들

선교사가 열어준 넓은 세상 보았다네

Road to the village school

Was walked by only the chosen young men.

Farmhands' sons and daughters

Were schooled by blue eyed missionaries.

It was the backroad to equity.

# 영겁의 젊음이여
## Floating Immortality

한국 덕수궁: 조선 마지막 황태자와 태자비를 생각하며

영혼이여

비단 무늬가 서글프던가

내려다만 보며 살았던 두 젊음

영겁永劫의 세월을

잎이 되어 외로이 떠도는구나


Immortality

Floats over the pond

Once strolled by

Two youths of the Dynasty

제3부

들려줄 이야기
*A story to tell*

# 모두들 돌아간다
## Everyone Hurries Home

Seoul, Korea

모두들 돌아간다

뉘울 곳 없는

천근千斤같은 나의 다리

쳐들어 오는 꿈나라

Everyone hurries home.
I have no home to return to
My legs of
Thousands of pounds
Invite me to a deep, deep sleep.

# 그래도 행복해요
## Oh, You Make Me Happy!

Seoul, Korea

다행이다

그의 눈에 보이는 그 사람은

그를 보고 웃고 있나 보다

등 뉘일

구들장 없어도 행복하다

He is happy to see the one

Who is invisible to the others.

The one must smile to him.

Cheers, Cheers, Cheers!

# 메두사 뗏목
## Medusa Raft

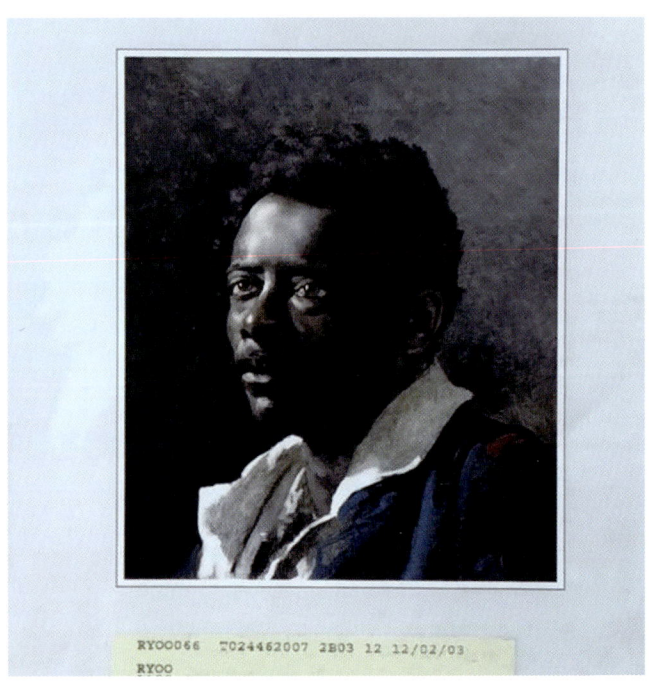

사무실로 배송된 풍랑에 다친 얼굴
세네갈 수평선을 노역으로 묶었다네
메두사호號 뗏목도 끊어주지 못한 노예
한 이백 년 흐름길에 날개 달린 말을 낳아
세상 평화 날러주는 페가수스 되었다네

A black slave's portrait from the Medusa raft
On the cover page of JAMA
Askes for pardon of fake humanity.

Lord, forgive us⋯⋯.

# 불청객
# Uninvited

Porto, Portugal

행복해 보이는 이 무리들의 파티에
함께 할 수 없습니다
초대되지 않은
불청객이거든요

Guests of happy crowd
Converse joyfully.
To their table
I am invited not.

# 길에 남겨진 사람
## Man Left Behind Homeless

La Coruña, Spain

나를 가졌을 때

수면제를 복용했던

어머니는

팔 없는 나를 길에 두고

영원의 나라로 떠나셨습니다

Mother's sleeping pills

Ate my arms

Mother left me homeless

On the street of La Coruña

To eternity

# 공갈빵 제빵사
## Eish Baker

Egypt

이집트의 빵

에이쉬

경솔하고 맛있는 공갈빵

그런 빵 만드는

거짓 없는 제빵사


Egyptian Arabic airy and bluffy Eish bread

Is called 'gong-gal-pan' by Koreans.

It has a hint of 'falsehood'.

It is yummy,

Made by a genuine baker, you know!

# 땔감 사세요!
## Firewood on Sale!

Bahir dah, Ethiopia

75년 전 한국전쟁에서

백이십일 명의 젊은 생명을 바쳐준 나라, 이디오피아

우리를 '형제'라 한다

장작이 아직도 땔감이라 하네


Ethiopia lost the lives of 121 young men

In the Korean War over 7 decades ago.

Ethiopians and Koreans declare 'brotherhood'.

Logs are firewood

In the Horn of Africa, locked land, Ethiopia.

## 모닝 커피
## Morning Coffee

2019.2 Egypt

오늘이 어찌 될지
걱정하지 않아요
모닝 커피 한잔으로
시작하는 시장 골목
낡은 타이어가 팔리면 좋지만요

No worries about how the day will run.
The aroma of a cup of morning coffee makes me happy.
It fills the street of the market.
Hope the used truck tire will find a new home.

# 히잡을 쓰셨을까?
# Did Mary, Mother of Jesus Wear Hijab?

Egypt

머리나 얼굴을 가리는 문화

중동의 여인들, 안 가린 눈이 아름답다

그림에서 보아 온 성모님은

히잡을 쓰신 것일까?

 

Women covering head and part of face in Middle East is their tradition.

The uncovered women's eyes are beautiful through the small opening of hijab.

Did Mary, Mother of Jesus wear hijab then?

# 정보
## FYI

2018.10 도라산역

이 철조망에 걸린 종이 조각들 가운데
행여나 찾고 있던 이름이 보이거든
옆에 적힌 전화번호로 연락주세요
나는 그 분의 막내 딸입니다

If you notice the name, you have looked for
Amongst the message pieces,
Call the phone number next to the name!
I am his youngest daughter.
He left this world waiting for unification.

# 이생과 저생
## From Here to Eternity

2023.7 충청남도 예산

강은 이 산과 저 산을 가르고

출렁다리는

이생과 저생을 이어주네

거기

허리굽은 언니가 걷고 있다


River splits the mountains

The suspension bridge

Connects lives of here and the eternity

There, walks the elder

# 여자의 마음
## La donna è mobile

Barcelona, Spain

얼핏 보면

상반적相反的이다

유혹스런 광고판 여자의 마음

경쾌하고 달콤하다


At a glance,

Contradictory and unreadable

She seems.

Her cavernous thoughts are

charming and sweet

# 산사자 P-22
# Puma Number 22

P-22 Pyrography

산사자 P-1의 아들 P-22

그리피스 파크에서 십여 년 살다가, 차에 치여 안락사 받고

아메리칸 인디언 풍습대로 땅에 묻혔다

답을 찾아야 할 프로젝트를 남겨 주고서

Jean's cub is still a cub, alive and well in her painting

Mystery of the birth and death of the celebrity puma P-22

Lost life one midnight by a car.

He got returned to earth by the rituals of American Indians

Leaving projects to complete by humans.

# 시인에게
## To a Poet

목포 시市가

시詩를 쓰라고 합니다

바다 바람·바다 파도·바다 하늘

솔내가 함께 하여

종이를 채우기 바랍니다


City of Mokpo declares

Power of poetry.

Together with aroma of pine trees, wind, ocean waves and sky of Mokpo

Stories fill the pages.

# 이도령과 성춘향
## Young Master&Daughter of Tavern Madame

반세기 흐르고

다시 찾은 도시, 남원

셋방 살던 동네랑 보건소는 간데 없네

이도령과 춘향이도

탈바꿈하였다네!

Visited past city, Namwon of love affair, between

Young lad of upper class and the daughter of tavern madame.

Young docs lived as they did but in a poor man's mansion

To fulfill medical duty then.

Lives transform for-ever.

# 낙서落書 예술
## Graffiti Art

Barcelona, Spain

벽화壁畵와 낙서落書는 메시지를 보내요

그런데

낙서는 불법이래요

바르셀로나 길 낙서들은

어떤 변화를 남길까 궁금하네요


Mural vs Graffiti

Both send messages to people.

Albeit illegal but graffiti artefacts are beautiful.

Wonder about the social changes graffiti will make from the walls of back streets in Barcelona.

# 연애편지
## Love Letter

하라버지에게

사랑을 싣고 가는

하우스 기차

그 기차 타고 가는 나, 윈트

To Grand-pa with LOVE:

Train just left my station

To deliver the LOVE letter to the house

Where my first breath was

Out to join the world.

.

# 고리 없는 연결
## Love Me Do

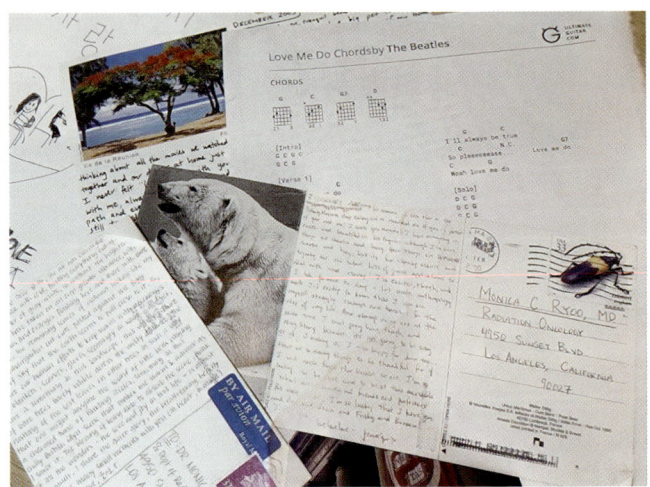

세 번이나 바뀐 세상

챨스 강가에서 어미를 그리던 한 아이

같은 동네, 피바디 뮤지엄에서 어미곰과 새끼 곰 엽서를 보고

어미를 가슴으로 초대했던 또 한 아이

그 애들이 보내 온 엽서가 내 품에 온지도


A score and ten years since

Postcards arrived

One wrote it over the floating leaves on the Charles River,

The other spotted a mommy and a baby bear

On a postcard at the Peabody Museum

# 할아버지, 비데오 게임 그리고 멍게
## Grandpa, Video Game and Sea Squirts

바셀로나에서 온 한글로 쓴 엽서에는

중요한 파트너 할아버지가 있다

그리고

멍게랑, 비데오 게임도…


Heart of postcard written in Hangul

Delivers memory of happy rime with Denzel's

Video game partner, grandpa

And

Yummy sea squirts

# 관점 I
# Point of View I

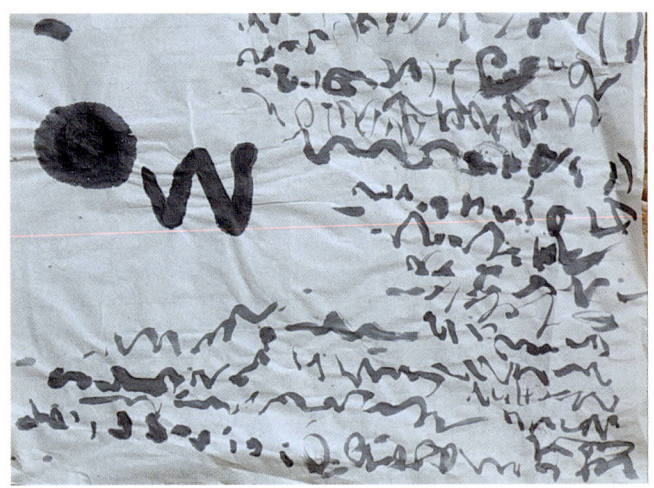

벽에 걸린
증조 할아버지의 낙서가
전통 서예라 했어요
내가 그린 그림이랑 이름의 이니셜
더 멋지지 않아요!

Great grandpa's scribble
Is framed and hung on the wall
It is called calligraphy,
Not scribble, doodle, graffiti.
Mine looks like a real art!

# 관점 II
## Point of View II

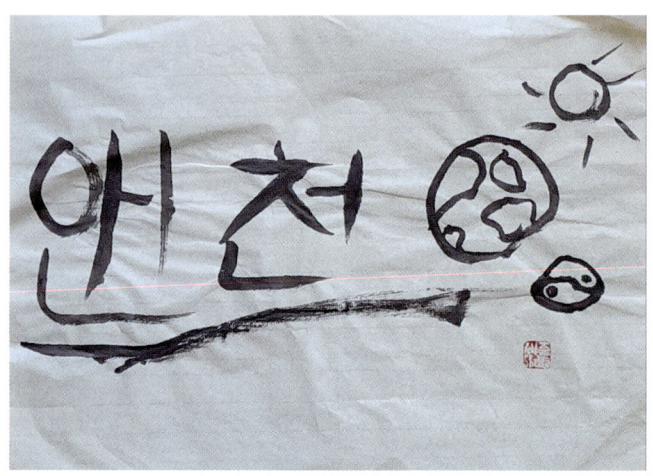

해가

앤 전이라 붓으로 한지에 쓴

내 이름보다 작다고

이상할 것은 없다

내 이름을 새긴 도장도 심볼이거든


The sun looks tinier than

Written name Ann Chon

Is it against the rules of geometry?

No, no, no!

Granite stamp bearing my name is nothing but a symbol

# 관점 Ⅲ
## Point of View Ⅲ

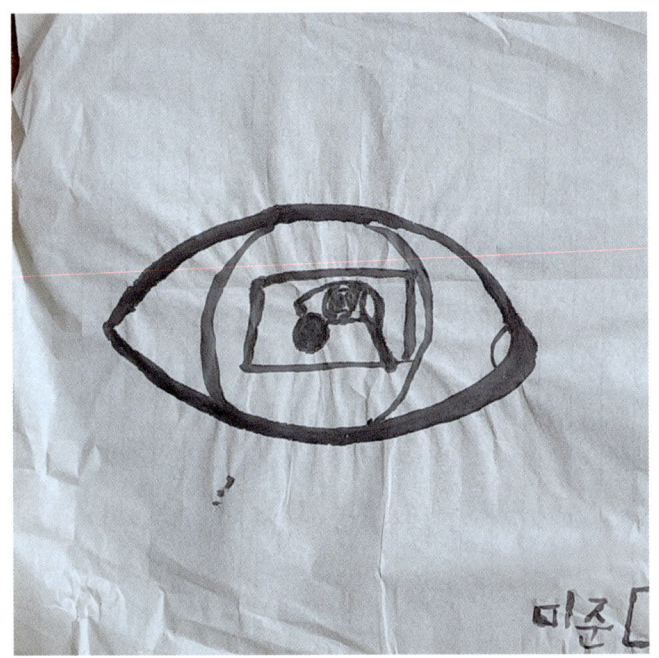

나의 오른쪽 눈

나의 동공으로

네모난 카드와 나뭇잎 그리고

작열하는 해가 보입니다

여기 비친 '관점'은 무엇이었습니까?

My view on the world

Through right eye then

Transferred the image of a card, a leaf

And the burning sun

What was the point of view?

# 이민자들
# Immigrants

'이민자들에게 바치는 기념비'
루지아나 주, 뉴 올리안스, 미시시피 강가, 이탈리아 이민자 조각가 Alessandrini 작품

이민자로 채워진 온 세상
그래서 멋질 수 있지!
이민 온 시간대 다를 뿐
미국 대통령들은 이민자의 자손들이라네
우린 새-이민자-원주민!


The world is filled with immigrants,
Thus, it is good and sweet.
The US presidents were and is
Descendents of the emigrants from somewhere.
Are we not New Immigrant-Natives?

제 4 부

DNA

Pencil Sketch by the Poet

# 서생원鼠生員의 집
## House of Mouse

낡은 양말 한 짝이 나에게 물었다
너는 누구야?
마·우·스
여기서 뭐해?
너랑 할머니랑 여행하고 있잖아!

Who are you?
Asked a ragged sock of the little boy.
M·O·U·S·E
What are you doing here?
I am traveling with Grandma and you!

# 비 속을 걷다!
# Just Walking in the Rain!

2016 Barcelona

물이 하늘에서

떨어지고 있어요

아빠가 말했어요

'물'이 아니고

'비'란다


From the sky

Water pours down on me

Pappa says, it is

Not

Water but Rain, son!

# 나는 어디에서
## I am From

자화상

눈에 보이지 않는

연결된 길

그것을

사랑이라 하더라

소년은 김치와 국수로 그 길을 연결하누나


Roads not visible

But connect the hearts of you, you, you.

It is called 'LOVE'

The boy connects the 'LOVE' via Kimchi and Noodle.

# 반짝이는 별이 탄생했습니다!
## A Star Is Born!

별은 항상 반짝여

나는 새로 탄생한 별이야!

할머니가 그랬어

I am THE star.

Most shining one in the cosmos I am!

Grandma declared.

# 낡은 일기 종이 조각
## Wrinkled Old Diary

'조건 없는 사랑'
바로
이런 것이었나 보다
낡은 종이 조각 일기를 들여다보니

Found the collage of photos
In an old, wrinkled diary.
It was filled with
'LOVE WITHOUT CAUSE'

# 물구나무서기
## Handstand Game

Pencil Sketch by the Poet

누가 누가 잘하나?
큰누나?
작은누나?
아니, 아니, 아니지!

Who does the handstand game best?
Oldest Sis, Mi-Joon?
Older Sis, Se-Joon?
No, no, no!
It is me, Min-Joon!

# 다섯 살 아이가 꿈꾸는 우주선
## A Five-Year-Old's Spaceship

우진의 우주선은 비틀즈의 '노란 잠수함'을 닮았을까?
우주로 가는 버스이면 좋겠다
'도망 못 감'이라는 경고
숫자 붙인 생일 케잌 양초같이 생긴 것
전쟁에 쓰이지 않기를 바라

Spaceship of Wujin resembles 'Yellow Submarine' of Beatles
Wish it was a bus to the Moon
A rear door has a sign of "No Escape".
Do I see numbers on top of birthday candles?
Not a code for a war of any sort!

# 세배하세요!
# New Year's Day Celebration

어른들에게 세뱃돈 받고 나서

끝난 줄 알았더니

우리끼리도

세배해야 한대요

'새해 복 많이 받기를!'


Mama, Papa. Grandma, Grandpa, Aunts, Uncles

Received our big bow with a smile.

We were instructed to

Bow to each other and Bless each other!

'Happy LUCKY New Year!'

# 그려보고 싶었던 얼굴
# Portrait

Pencil Sketch by the Poet

고마워

여정에 함께해 주어서

고마워

네가 너라서

Thank you,

For your being with me.

Thank you,

For your being what you are.

# 아버지
# My Father

아버지도 이런 때가 있었구나
'4286. 환도還都'라고 써 있네
4286-2333=1953
내가 계산해서 써 넣은1953년
뒤에 보이는 종각은 어디로 옮겨졌나?

When was father this young?
In the old black and white picture with a
Statement of '4256. Returned to Seoul'
Dangun era 4256-2333=1953 Anno Domini
He and the old government building
Are no longer found.

# 날개 꺾인 알바트로스
## Albatross with Broken Wings

둘째 오빠 전유경, 한국전쟁

미안합니다!
당신이 하늘을 날 수 없었던 것이 슬퍼요
당신은
우리들의
날개 꺾인 알바트로스

I am so sorry and sad!
The family brought our albatross down to the ground.
He lost his wings, and
Was never able to soar high to the moon.

# 네 동공에 보이는 나, 나를 보는 반백의 너
## Mother, It Is Me Your Son!

어머니

응

저, 왔어요

그래!

미국서, 힘들지는 않느냐?

Mother,

Yes.

It is me, your son.

Yes.

Is it not hard to live in the USA?

# 꿈의 끄트머리
## Tail End of Dream

한 세기 더하기 몇 년 전

당신들은 멀고 먼 세계를 바라보고 있었습니까?

몰랐던 당신들의 꿈

디아스포라 한국인이 세계인으로

살아가고 있습니다

Long ago, more than a century before

Were you looking to the future?

With a dream, unknown to the last-born child

The world of diaspora is now one.

|해설|

# 견자見者의 시학, 풍경의 배면背面 읽기
— 류 모니카의 디카시

김종회(문학평론가, 한국디카시인협회 회장)

## 1. 시인이 병원 밖으로 나온 까닭

 류 모니카는 암 전문 의사다. 자신이 쓴 이 시집의 〈서문〉에 의하면, 모국어의 땅을 떠나 미국에서 산 지 반세기가 넘었고 오랜 기간 종양방사선 전문 의사로 살았다. 9년 전에 상재된 그의 산문집 『희망, 한 단에 얼마에요?』는 병원에서 투병하는 사람들의 이야기였다. 그러한 수필가가 이제 시인으로 변신하여, 첫 디카시집을 내놓는 터이다. 세상에 하고많은 디카시집이 얼굴을 보이고 있으나, 그 가운데서도 이 시집은 사뭇 색다르다. 일상의 풍경을 넘어서서, 열여덟 번에 걸쳐 해외 여러 나라를 여행하면서 그 현장의 사진과 시적 감상을 담은 까닭에서다. 그리고 그 사진들이 신앙의 신비나 역사적

교훈 능 만만찮은 중량을 담보하고 있기에 그렇다.

그는 지금 한국디카시인협회 미국 LA지부의 이사장을 맡고 있으며, 현지 한국어진흥재단의 이사장이기도 하다. 그런 만큼 그의 관심은 새로운 문예 장르이자 K-리터러처로서 디카시의 보급이 모국어의 진흥과 연대하는 데 비중이 크다. 의사의 눈으로 병원 밖 세상의 아름다움과 아픔을 감각 하는 그의 디카시는, 그러기에 여러 유형의 효용성을 동시에 촉발한다. 프랑스 문학에서 샤를 보들레르로부터 아르튀르 랭보에 이르는 견자見者, Le Voyant의 시학을 차용하자면, 견자는 보이지 않는 세계를 보고 들리지 않는 세계를 듣는 시인을 말한다. 류 모니카는 이 시작詩作의 방식을 익혀, 풍경과 사물 그 너머에 있는 배면背面의 의미를 도출하는 데 익숙하다. 우리가 그를 좋은 디카시인이라고 납득하는 이유다.

## 2. 나라와 종교를 넘나든 순례길

흔히 한민족을 두고 '종교성이 있는 민족'이란 말을 쓴다. 장구한 역사 과정에서 강대국들에 둘러싸여 살아오면서, 국가와 민족의 정체성을 지킬 수 있었던 요인은 여러가지다. 그 가운데서도 정신적으로 의지할 대상을 찾고 그로부터 지속적으로 새로운 기력을 섭생해 온 종교성을 간과할 수 없다. 온전한 종교는 교리의 실천에 있어 상식의 범주를 벗어나지 않으며 대개 사해평등四海平等의 사상을 가졌다. 류 모니카가 1부의 시에서 한국은 물론이고 이디오피아, 스페인, 포루투갈, 인도네시아, 미국 등의 여러 나라를 순례하면서 사진을 찍고 시를 덧붙인 배경을 그와 연계하여 짐작하는 것은 결코 무리한 처사가 아니다. 「새 예루살렘 순례길」에서 어둠으로부터 빛을 찾는 길, 「불국사 소원」에서 숱한 이들이 올리는 소원의 행방 등이 모두 시의 외양을 한 종교성의 모습이다.

세 십자가
예수만이 십자가에 달려 죽은 줄 알았었다
성부, 성령도 함께 달리셨나 보다
디스마스, 게스타스가 달렸다던 십자가를
우리가 기념할 리는 없을 것 같다

—「세 십자가」

스페인 아스투리아스Asturias 지역의 동굴에 서 있는 세 십자가의 모습이다. 아스투리아스는 과거 스페인에 존재했던 왕국의 이름으로, 현재는 한 지방의 자치 지역이자 이 지방에서 사용되는 언어를 통칭하는 말이다. 시인이 만난 십자가의 모습은 예수 처형 당시의 형상을 재현한 것일 시 분명하지만, 이에 대한 시인의 해석은 매우 남달라서 어쩌면 신학적 논의의 단계를 매설해야 할지도 모른다. 예수가 세상 죄의 사슬을 끊은, 최후의 십자가 옆 두 강도가 디스마스와 게스타스다. 시인은 사진에서 보는 세 개의 십자가에서 두 강도가 아니라 성聖 삼위일체를 기념하는, 전혀 새로운 해석의 방식을 제시하고 있는 것이다.

모든 종교의 사제들은 숭고하다
인간 세상의
아프고 힘들고 아름다운 내막을
모두 품어주기에

―「숭고한 삶」

　인도네시아 발리섬 발리주의 주도州都 덴파사르Denpasar에 있는 사원의 입구다. 덴파사르는 1906년 현지인들이 네덜란드 민병대에 대항하여 자살행위나 다름없는 전투를 벌인 곳이다. 사진에는 사제이거나 순례자로 보이는 한 남자가 서 있다. 동남아 특유의 황톳빛 건물과 흰색 의상이 자연스럽게 어울린다. 이 광경을 두고, 서구적 삶과 종교에 익숙한 시인이 '모든 종교의 사제들 숭고하다'라고 선언한다. 그 사유思惟가 곧 시의 문면文面이 된다. 종교가, 사제들이, 인간 세상의 '아프고 힘들고 아름다운 내막'을 모두 품어주기에 그렇다는 것이 아닌가. 주목할 대목은 시인이 아프고 힘든 것과 아름다운 것을 구분하지 않고 하나의 선상線上에 놓았다는 사실이다. 거기에 종교의 힘이 잠복해 있다.

### 3. 역사 속의 젊음을 기리는 눈길

　고대 그리스의 시인 호메로스의 글 한 구절이다. "너를 보고 있으면 델로스섬에서 아크로폴리스 신전 곁에 하늘을 향하여 땅으로부터 치솟은 종려나무를 보는 것 같다." 청춘의 기상氣像을 두고 한 말이다. 어느 시대이거나를 막론하고 청춘은 새 힘과 희망의 상징이다. 시인 류 모니카에 있어서도 마찬가지다. 그런데 우리가 사는 세계 처처에 그 공통의 방정식이 적용되지 않는 사례가 너무도 많다. 전쟁과 희생, 우국憂國과 회한의 사연 가운데 젊은 넋이 스러져 간 현장을 찾아간 시인에게 가슴을 울리는 시가 남는 것은 당연하다. 「독립의 돌섬 독도」에서 나라를 걱정하고, 「영겁의 젊음이여」에서 비극적 역사를 반추하는 일은 미상불 시인의 사명일지도 모른다.

숱한 전쟁을 치러온 우크라이나
한국의 과거와
다를 바 없네
민족의 상흔을 잊을 수 있으랴
평화의 사도가 될 수 있을까

—「데자뷰」

익히 알다시피 데자뷰는, 처음 해 보는 일이나 처음 보는 대상 또는 장소가 낯설게 느껴지지 않는 현상을 말한다. 이를테면 꼭 어디서 마주친 듯한 기시감旣視感이 있다는 뜻이다. 이는 일종의 심리상태를 지칭하는 것이며, 실제 경험이 아닌 단순한 지식 간의 충돌에 의거하는 경우가 많다. 인용된 시의 사진은 러시아와 우크라이나 전쟁에 있어서 그 1년이 경과 하는 무렵, 우크라이나 수도 키이우에서 한 장교가 볼로디미르 젤렌스키 대통령이 들고 있는 군부대 깃발에 입

맞주는 상면이나. 시인은 이 기사기 보도된 신문을 사진으로 찍었다. 그리고 이 사진에서 우리 민족이 숱하게 겪은 전쟁의 과거와 민족의 상흔을 환기한다. 그의 탄식은 이렇다. '우리가 도울 수 있을까?'

뉴욕 시, 쌍둥이 빌딩 폭격은
미국 국민을 단결하게 했고
국가 의식을 되살리게 했다네
디아스포라가 만든 나라, 그들의 울타리
이를 상징하는 말리부 해변의 성조기

―「국가라는 보호막」

해변의 잔디밭에 성조기가 줄지어 임립林立해 있다. 어느 나라 어느 국민이 자기 국기를 사랑하지 않으랴마는, 미국의 경우 여기에 유별난 데가 있다. 그러나 그것이 어떤 상황에 있든 나라 사랑의 표상이고 보면, 우등생의 모범 답안을 보는 것 같다 할지라도 유다르게 간주할 일이 아니다. 9·11사건 18주년을 잊지 말자고 캘리포니아 말리부 해변에 성조기의 행렬을 내세웠으니, 이를 바라보는 이들의 공감을 자아내는 데 별반 어려움이 없다. 시인은 이러한 의식儀式이 국민을 결합하게 하고 국가관을 되살리게 한다고 믿는다. 동시에 디아스포라, 곧 이민자들이 만든 나라에 굳건한 울타리가 된다고 확신하는 터이다. 기실 이러한 기림의 정신이 살아있는 나라는, 그 내부에서부터 건강한 공동체임을 증명한다.

### 4. 풍경의 심층을 읽는 밝은 감각

 이 글의 서두에서 시인이 풍경이나 사물의 배면을 읽는 눈을 가졌다고 언급한 바 있다. 만일에 이 관찰의 기능이 없거나 허약하다면, 그는 좋은 디카시인이 되기를 포기해야 할지도 모른다. 평범하고 일상적인 사진이 아니라, 온 세계를 발품 팔아 다닌 그 나그네길에서 의미 깊은 사진을 수확한 공로(?)가 먼저이거니와, 연후에 그 사진에서 현상이 아닌 본질을 읽어내는 혜안慧眼을 갖추었으니 여기 3부에서의 시들이 산출될 수 있었다. 「정보」에서 한반도의 DMZ 부근 도라산역의 철조망 소원지들, 충남 예산의 예당호 출렁다리에 부하負荷된 이생과 저생을 가르는 상징성의 통로 등이 시인에게는 모두 웅숭깊은 비의秘義를 간직하고 있었다.

머리나 얼굴을 가리는 문화
중동의 여인들, 안 가린 눈이 아름답다
그림에서 보아 온 성모님은
히잡을 쓰신 것일까?

—「히잡을 쓰셨을까?」

 이집트의 어느 색상 화려한 옷가게 앞에서 하나같이 히잡을 쓴 무슬림 여인들이 도열해 있는 사진이다. 이 여행길에서 시인은 무슨 생각을 했을까. 자신과는 생각과 행위의 영역이 다른 이 여인들이 어떤 삶의 주인일지 궁금하지 않았을까. 이들이 히잡을 쓰는 이유는 종교적 의무이면서 이슬람의 옷차림 규정을 따르는 것이다. 그 의미는 신의 명령에 따라

겸손히며 사구직으로 보이지 않기 위함이다. 그런데 시인은, 그러기에 '안 가린 눈'이 더 아름답다고 썼다. 그리고 반문한다. '그림에서 본 성모님은 히잡을 쓰신 것일까?' 성모의 생존 시기와 히잡의 수용 시기는 상호 간의 연대가 달라서 그 표상의 상징과 기능이 구별될 것이지만, 평범한 눈으로 제기할 수 있는 질문은 아닌 듯하다.

목포 시市가
시詩를 쓰라고 합니다
바다 바람·바다 파도·바다 하늘
솔내가 함께 하여
종이를 채우기 바랍니다

―「시인에게」

　전남 목포 어느 해안에 세워진 조형물인 것 같다. 낮은 수면과 고즈넉한 섬마을이 내려다보이는 언덕에, 펜을 든 오른손 하나가 글을 쓰고 있다. 붉은색의 'Mokpo(목포)'라는 어휘다. 누구의 조형인지는 모르나, 참 신박하고 산뜻하다. 여기에 시인이 한술 더 뜬다. 목포시市가 시詩를 쓰라고 한다는 것이 아닌가. 거기에 바다의 바람·파도·하늘이 연대하고 솔내가 함께 하여 종이를 채우라는 권유가 있다. 이때의 종이는 이 고요하고 평안한 해변의 공간 전체를 포괄하는 단어다. 여기서 몇 편의 시를 통해 살펴본 바와 마찬가지로, 이 시인은 눈에 잡히는 여러 풍광에서 자신의 예비 독자들에게 새롭게 '들려줄 이야기'를 발굴하고 이를 시로 치환하는 데 익숙하다.

### 5. 오랜 얼굴과 풍경에 담긴 사연

누군가의 얼굴을 인상 깊게 또 뜻깊게 기억한다는 것은, 대체로 그 대상과의 친연성이나 경외감으로부터 말미암는다. 그러기에 우리는 각자의 가슴 속에 묻어둔 여러 얼굴을 가지고 있다. 소설론의 기초에는 이러한 언술이 있다. "소설을 쓴다는 행위는 문학사가 포용하고 있는 초상화 전시장에 몇 개의 새로운 초상을 부가하는 것이다." 여기 이 시집의 4부에서 류 모니카 시인이 선보이고 있는 이름 있는 얼굴들은, 시인뿐만 아니라 우리가 특별하다고 생각하는 인물들이다.「장난꾸러기 프란시스코」에서 세기의 연인이자 존경의 대상인 프란시스코 교황,「날개 꺾인 알바트로스」에서 사진 속에 숨어 있는 둘째 오빠 전유경은, 시인이 종내 잊을 수 없어 시집 가운데로 불러들인 캐릭터들이다.

프란시스코 교황님
천국은 지낼만 하신지요?
베드로는 만나셨나요?
장난도 못 치고
지루할 것 같아서 걱정되네요

―「장난꾸러기 프란시스코」

흔히 우리의 근대사를 일컬어 '존경할 만한 인물 만들기에 실패한 역사'라고 한다. 우리 초등학생들에게 존경하는 역사 인물을 말하라고 하면, 저 멀리 조선조 15세기 전반의 세종대왕이나 16세기 후반의 이순신 장군에까지 거슬러 올라가는 현상을 볼 수 있다. 이 문제를 길게 거론할 자리는 아니지만, 류 모니카 시인이 시의 대상으로 선택한 인물들을 일별해 보면 아쉬움과 안도감이 교차한다. 아쉬움은 우리의 아픈 역사에 대한 탄식이며, 안도감은 시인의 선별 안목에 대한 신뢰다. 인용된 시의 프란스시코 교황은 '특유의 위트'와 '수장首長의 많은 역할'을 감당한 당대의 가장 존경받는 위인이다. 이를 있는 그대로 수긍하면서 우리의 자리를 되돌아보는 것 또한 시인의 소임이다.

아버지도 이런 때가 있었구나
'4286. 환도還都'라고 써 있네
4286-2333=1953
내가 계산해서 써 넣은 1953년
뒤에 보이는 종각은 어디로 옮겨졌나?

—「아버지」

시인 자신의 아버지다. 빛바랜 사진이니 어쩌면 다른 누군가가 촬영한 것인지도 모른다. 엄밀하게 말하면 본인이 찍은 사진에 본인의 시를 부가하라는 디카시 창작의 본령에 어긋날지도 모른다. 하지만 이 시집의 흐름에 비추어 이 시는, 반드시 기념할 인물로서 아버지라는 당위성이 있다. 시인은 '4286년 환도還都'라는 기록의 연도를 계산하여 사진이 촬영된 해를 1953년으로 특정했다. 둥근 테 안경에 간편한 차림으로 팔짱을 끼고 있는 아버지의 뒤편에 날렵한 종각이 하나

보인다. 짐작되기로는 경복궁의 동십자각이 아닐까 하는데, 확정하기는 어렵다. 핵심은 왜 시인이 아버지의 사진을 여기에 초치招致했는가에 있다. 오래 기억하고 존중해야 할 대상 중 한 분이기 때문이다.

우리는 이제까지 류 모니카의 디카시집 『병원 밖 세상』을 공들여 함께 읽었다. 백색의 획일성과 포르말린 냄새가 충일한 병원 안에서, 그 삶과 사람들의 이야기를 산문으로 풀어 쓴 경력이 있기에 우리는 수필가로서 그를 기억한다. 그러나 이번에는 순간 포착의 사진과 촌철살인의 시를 결합한 디카시를 손에 들고, 그는 병원 밖으로 걸어 나왔다. 여행 또는 간접경험을 통해 여러 세상을 두루 체험한 그의 촉수에, 디카시는 새롭고 경이로운 신천지를 열어 주었는지도 모른다. 그러지 않고서는 그의 오감五感과 언어 감각이 이토록 기껍고 흔연한 세계를 축조하기 어렵지 않았을까. 앞으로도 계속해서 그가 열어둔 관점과 인식의 성과로 인하여 우리가 행복한 독자가 될 수 있었으면 한다. 더불어 그의 디카시가 한국은 물론이거니와 미주 일원의 디카시인들에게도 빛나는 모범이 되기를 기대한다.